Milena Baisch

Geheimnisgeschichten

Illustriert von Silvio Neuendorf

Bibliografische Information Der Deutschen Bibliothek
Die Deutsche Bibliothek verzeichnet diese Publikation in der
Deutschen Nationalbibliografie; detaillierte bibliografische Daten
sind im Internet über *http://dnb.ddb.de* abrufbar.

Der Umwelt zuliebe ist dieses Buch auf chlorfrei gebleichtem Papier gedruckt.

ISBN 3-7855-4568-1 – 1. Auflage 2003
© 2003 Loewe Verlag GmbH, Bindlach
Umschlagillustration: Silvio Neuendorf
Reihengestaltung: Angelika Stubner
Redaktion: Rebecca Schmalz
Herstellung: Heike Piotrowsky
Gesamtherstellung: Officine Grafiche DeAgostini, Novara
Printed in Italy

www.loewe-verlag.de

Inhalt

Der Nachbar 8

Das Mupiler 18

Die Schatzkarte 27

Die Heimlichtuer 36

Neulich ist in Linas Haus
ein unheimlicher Mann eingezogen.

Er heißt Herr Zabanella
und wohnt genau
über Linas Familie.

8

Als Lina aus der Schule kommt,
trifft sie ihn vor der Haustür.
Herr Zabanella hebt freundlich
seinen großen, schwarzen Hut.

Er trägt eine Tüte.
Und aus der Tüte ragt eine Fußspitze!

9

Schnell rennt Lina nach oben
und schließt die Wohnungstür
zweimal ab.

Etwas später hört Lina wieder
diese komischen Geräusche.
Sie kommen von oben!

Rums! Kullerkullerkuller ...

Lina überlegt,
was Herr Zabanella
da wohl macht.

Es kann nur eine Erklärung geben:
Herr Zabanella baut
einen Menschen zusammen.

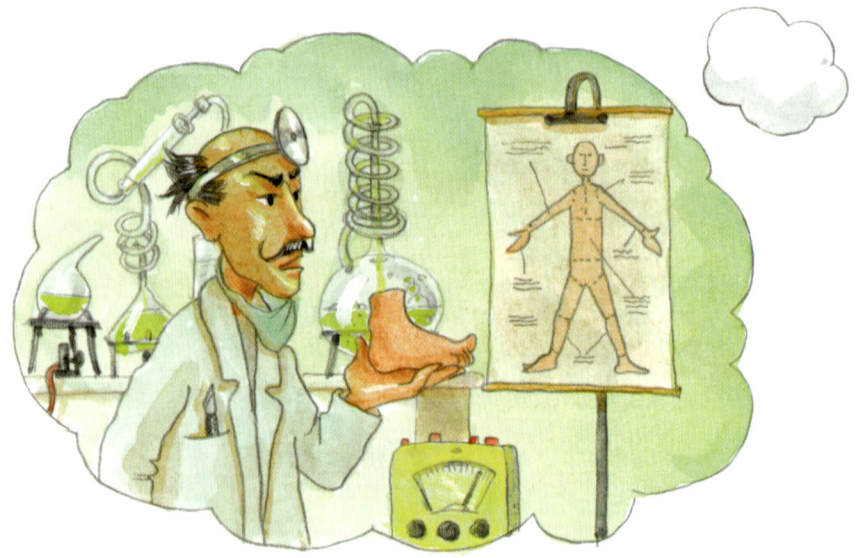

Heute Morgen hat er ein Bein gekauft,
und jetzt rollt ein Kopf über den Boden.

Papa ruft aus der Küche:
„Geh doch mal schnell hoch,
und frag den neuen Nachbarn,
ob er uns zwei Eier leiht!"

„Nein!", schreit Lina entsetzt.
Das würde sie
bestimmt nicht überleben.

„Aber sonst gibt es
keine Pfannkuchen", sagt Papa
und schiebt sie einfach raus.

Als Herr Zabanella die Tür aufmacht,
kriegt Lina einen Riesenschreck.

Er ist kreideweiß im Gesicht!

„Das ist doch bloß
meine Verkleidung",
lacht Herr Zabanella.
„Ich bin nämlich Zauberer."

Dann zeigt er Lina seine Tricks.

„Den Fuß aus Plastik brauche ich
für den Trick mit der zersägten Frau."

„Und beim Jonglieren
fallen mir immer
die Kugeln runter
und kullern über den Boden."

Lina muss lachen.

Und dann lädt sie
Herrn Zabanella
zum Pfannkuchenessen ein.

17

Es ist der erste Schultag
nach den Weihnachtsferien.
Alle erzählen von ihren
Weihnachtsgeschenken.

Kai hat sogar
einen neuen Computer bekommen.

„Und du, Tanja?", fragt er.

Tanja hat nur
eine hässliche Puppe gekriegt.
Sie sagt lieber nichts.

Kai packt Tanja
fest am Arm.
„Los, sag schon!
Oder soll ich dich verprügeln?"

Tanja hat Angst.
Kai ist der Stärkste von allen.

„Ich ... ich habe ein Mupiler gekriegt",
sagt sie schnell.
Jetzt wollen die anderen wissen,
was ein Mupiler ist.

Aber Tanja verrät es nicht.
Ina schenkt ihr Schokolade.

Mike leiht ihr sein Handy aus.
Lea lässt sie
mit ihrem Fahrrad fahren.
Aber Tanja sagt immer noch nichts.

Sie wird die Beliebteste
in der ganzen Klasse.

Jeder will mit ihr spielen.
Sie bekommt so viele Süßigkeiten,
dass sie sie nicht mehr
alleine essen kann.

Früher war Kai der Beliebteste.
Er ärgert sich über Tanja.

„Mein Opa hat mir gestern auch
ein total teures Mupiler geschenkt",
behauptet er eines Tages.

Tanja zieht Kai zur Seite
und sagt leise: „Du lügst."
„Woher weißt du das?",
fragt Kai erstaunt.

Da muss Tanja zugeben,
dass es gar kein Mupiler gibt.

Aber die anderen ahnen nichts.
Sie wollen unbedingt
Kais Mupiler sehen.

„Mupilers darf man nicht zeigen.
Die sind geheim", sagt Kai laut.
„Stimmt!", meint Tanja.
Und sie blinzelt Kai heimlich zu.

Die Schatzkarte

Isa und Paul spielen Verstecken.
Isa wartet unter dem Bett.

Plötzlich entdeckt sie,
dass hinter der Fußleiste
ein Zettel steckt!

Die beiden falten
den Zettel auseinander.

„Das gibt's nicht!
Eine Schatzkarte!",
ruft Paul begeistert.
Der Zettel sieht sehr alt aus.

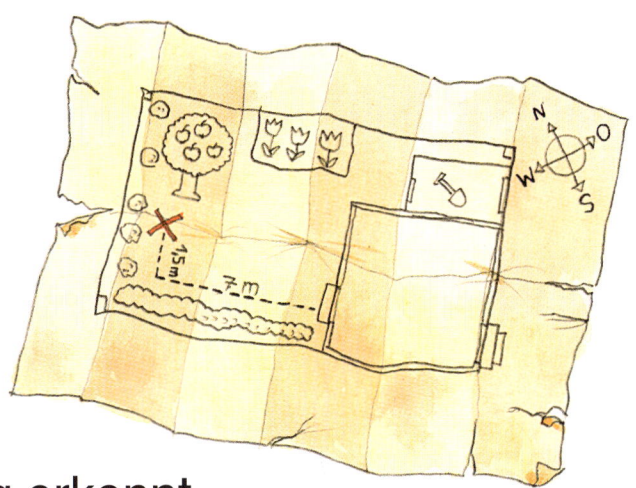

Aber Isa erkennt
das Haus und den Apfelbaum.
„Der Schatz ist in unserem Garten!"

Sofort laufen die beiden los.
Sie schnappen sich zwei Schaufeln,
ein Metermaß und einen Kompass.

Im Garten suchen sie die Stelle,
die auf der Karte eingezeichnet ist.

Sie stechen ihre Schaufeln in die Erde
und graben ein richtig tiefes Loch.
Plötzlich stößt Paul auf etwas Hartes.

Eine Kiste!
Sie ziehen und zerren:
Die ist ganz schön schwer!

Dann können sie endlich
den Deckel öffnen.

Aber in der Kiste
sind nur Messer, Gabeln und Löffel!

Einen richtigen Schatz
haben sich Paul und Isa
wirklich anders vorgestellt.

Mama lacht. „Ach, das ist bestimmt
Onkel Frieders Sonntagsbesteck.
Der hat immer alles vergraben,
weil er Angst vor Dieben hatte."

„Und warum hat er das Besteck
nicht wieder ausgegraben?", fragt Isa.

„Er konnte sich nicht mehr erinnern,
wo er die Schatzkarte versteckt hatte.
Wir haben überall danach gesucht",
sagt Mama.
„Das Besteck ist nämlich sehr wertvoll.
Es ist aus echtem Silber."

„Dann haben wir ja
einen Silberschatz gefunden!",
rufen Isa und Paul.

Jetzt sind die beiden
doch stolz auf ihren Schatz.

Ole geht auf den Schulhof.
In der Ecke stehen Tim und Mark,
seine beiden Freunde.
Sie reden miteinander und lachen.
Als Ole näher kommt,
sagt Tim: „Pscht!"

„Warum habt ihr gelacht?",
will Ole wissen.
„Wir haben gar nicht gelacht",
behauptet Mark.

Und dann prusten die beiden wieder los.
Ole kommt sich blöd vor.

Nach der Schule fragt Ole,
ob sie heute alle zusammen
Fußball spielen.
Aber Tim und Mark haben keine Zeit.
Sie verraten nicht, warum.

Und am nächsten Tag
wird es noch schlimmer.
In der Mathestunde schreiben
Mark und Tim heimliche Briefe!

„An meinem Geburtstag könnt ihr
zu Hause bleiben", sagt Ole wütend.

Tim erschrickt.
„Aber du hast uns doch eingeladen!"
„Na und?", antwortet Ole.
„Das gilt nicht mehr."

Oles Geburtstag ist sehr traurig.
Ganz alleine sitzt er vor dem Kuchen
und den Gummibärchen.

Da klingelt es an der Tür.
Ole macht auf.

„Überraschung!", rufen Mark und Tim.
Sie haben sich verkleidet
und kommen einfach ins Haus. 41

Dann beginnt eine Theatervorstellung,
nur für Ole.
Tim spielt einen dicken Mann,
der dauernd auf die Nase fällt.

Und Mark spielt einen klugen Hund.
Der muss dem dicken Mann
immer wieder aus der Patsche helfen.

So was Lustiges
hat Ole noch nie gesehen!

Und es ist eine echte Überraschung,
weil Tim und Mark das Theaterstück
ganz heimlich einstudiert haben.

43

Milena Baisch wurde 1976 geboren. Nach der Schule begann sie, Kinderbücher zu schreiben, und besuchte an der Filmakademie in Berlin die Drehbuch-Klasse. Seitdem schreibt sie neben Kinderbüchern auch Drehbücher für Film und Fernsehen.

Silvio Neuendorf, 1967 in Düren geboren, studierte Design in Aachen und illustriert seit 1995 Bücher für Kinder und Erwachsene. Sein Lieblingsmotiv ist ein kleines Nashorn, das er in jedem seiner Bücher versteckt. Silvio Neuendorf lebt mit seiner Frau und seinem Sohn auf einem Bauernhof bei Aachen.

Erster Leseerfolg

Loewe

Ein Krimi um
Kleopatra

Ganz schön schlau, die Herrscherin Kleopatra. Angelt sich Cäsar und
schon wird er Papa. Inzwischen haben Cäsar und Kleopatra mit ihrem
Sohn Ägypten verlassen und sind in Rom. Ich, Appetitus, durfte
als Vorkoster mitkommen. Die ganze Stadt tuschelt über die beiden.
Kleopatra habe sich Cäsar an den Hals geworfen, um das starke
Römische Reich als Verbündeten zu gewinnen. Am Nil streiten gerade
viele um die Macht. Nicht alle sind so raffiniert wie Kleopatra.

In Rom ist sie nicht so beliebt. Jetzt muss ich auch noch ihre Speisen
vorkosten. Könnten ja vergiftet sein. Kleopatras Küche ist gar nicht
weit von dem Haus entfernt, in dem Cäsar mit seiner römischen
Gattin lebt. Die tobt jeden Tag – so eifersüchtig ist sie.

Ob Kleopatra in Rom glück-lich wird? Oder ist das der Anfang vom Ende?

Appetitus berichtet weiter. Den Sklaven hat es nicht wirklich gegeben – der Rest aber ist Geschichte …

„Appetitus! WILL TRINKEN!" Der kleine Cäsarion hält mich auf Trab. Was er verzehrt, muss ich vorher probieren. Könnte ja vergiftet sein. Cäsar hat Angst um seinen Sohn und Kleopatra, denn viele sind sauer auf ihn. Schließlich ist er schon verheiratet – mit einer reichen Römerin.

Wer am Ende abgemurkst wird, ist mein Chef. Erdolcht von seinen Gegnern – nicht vergiftet. Glück für mich. Kleopatra will sofort nach Alexandria zurück, ich soll mit.

Drei Jahre später taucht dort Marcus Antonius, einer von Cäsars Nach-folgern, auf und verlangt ein Treffen mit Kleopatra. Will sich Rom jetzt ganz Ägypten unter den Nagel reißen? Auf ihrem Schiff begegnen sich die beiden. Kleo verdreht dem nächsten Römer den Kopf. Bald hat Cäsarion drei Halbgeschwister. Marcus Antonius bleibt.

Eines Tages kommt römischer Besuch: Octavian, ein Nebenbuhler. Er möchte Schiffe versenken spielen – um die Macht in Rom. Als Marcus Antonius die Seeschlacht verliert, stürzt er sich in sein Schwert. Octa-vian ist Sieger. Kleopatra will ihn sich gleich angeln. Aber der lässt sie links liegen.

Und ich? Koste wie früher alles vor, was Kleopatra zu sich nimmt. Fast alles. Denn jemand mogelt einen Korb mit Feigen an ihr Bett, den ich nicht kontrolliert habe. Zwei Tage später ist die letzte Pharaonin tot. Sie hat sich eine Giftschlange ans Bett schmuggeln lassen, tuscheln die Leute. Kommt mir komisch vor. Ob da jemand nachgeholfen hat?

Eine Giftschlange? Schrecklich!

Ja! Aber die Dame hat selbst so einige abmurksen lassen!

„APPETITUS, die Gäste warten!" Oh, meine Gattin ruft. Jetzt bin ich frei und führe ein Restaurant. Italienische Küche. Tja. Das Reich der Pharaonen gibt es nicht mehr. Jetzt ist Rom die neue Supermacht.

Cheps Geschichten

Ob Kleopatra wirklich so hübsch war, weiß niemand. Auf einigen Bildern sieht man sie mit Doppelkinn und großer Nase.

.. Wie werde ich Ägyptologe?

Ein Test für alle

Ist das vielleicht ein Beruf für dich? Wenn du die Fragen beantwortest und deine Punkte zusammenzählst, weißt du mehr.

Auf dem Boden liegen Porzellanscherben. Was machst du?

☐ Handfeger und Schaufel holen und ab in den Mülleimer. Am besten Klappe halten. **2**

☐ Aufheben und irgendwie zusammenpuzzeln. Hmm – was soll das denn sein? Ab in den Müll. **1**

☐ Die Scherben abmalen und beschriften. Wenn Oma mal nach der Vase fragt – zusammenkleben. **0**

Ägyptologie musst du studieren. Das heißt, viel lesen. Zum Glück interessieren dich ...

☐ alte Sprachen und vergangene Kulturen, **0**

☐ Bücher wie dieses hier, **1**

☐ Comicbände wie „Asterix und Kleopatra". **2**

Du musst ein schwieriges Hieroglyphen-Rätsel lösen und ...

☐ lässt nicht locker, bis du es geknackt hast.
Egal, wie lange es dauert! **0**

☐ gibst dir eine halbe Stunde. Wenn du es nicht schaffst,
denkst du morgen weiter. **1**

☐ fragst einen Freund, der dich aber zum Fußballspielen
überredet. Schuss und Tor! **2**

Du leitest eine Ausgrabung. Ein Arbeiter meldet, dass sein Esel in der Wüste in ein Loch getreten ist. Was machst du?

☐ Du schaust dir das Tier an und suchst schon mal
nach der Nummer vom Tierarzt. **1**

☐ Du buchst einen Rückflug. Ägypten ist ein gefährliches Pflaster. **2**

☐ Du schickst ein paar Arbeiter mit Schaufel,
Hacke und Staubpinsel zum Loch. **0**

Willst du die Auswertung lesen?
Schau auf die Seite 62.

Leons nutzloses Wissen

Der Ägyptologe William Flinders
Petrie trug bei der Arbeit angeb-
lich nur Unterwäsche, um nicht
zu sehr ins Schwitzen zu geraten.
Die Wäsche war rosa.

Tim und Hanna
sagen Tschüss

Tim: Spannend! Ich rechne mal meine Punkte aus.

Hanna: Gute Idee. Dann weißt du, ob du Talent hast.

Tim: Du Hanna, die Geschichte mit dem Esel kommt mir bekannt vor.

Hanna: Die ist auch so passiert. 1997 trat ein Esel in ein Loch. Der Reiter meldete den Vorfall. Ägyptologen fanden Tonscherben und später einen riesigen Friedhof, das Tal der goldenen Mumien.

Tim: Toll! Aber ist in Ägypten nicht schon alles ausgebuddelt?

Hanna: Nein, nicht alles. Vor wenigen Jahren hat man Pyramiden und Friedhöfe in der Nähe von Sakkara entdeckt – und zwar aus dem All! Weltraum-Archäologie heißt das. Die Fotos sind so genau, dass man Mauern unter der Erde erkennt.

Tim: Wow! Fliegt man da mit einer Rakete?

Hanna: Nein. Man wertet Satellitenbilder aus. Tschüss, Tim! Vielleicht sehen wir uns mal im Museum.

Leons nutzloses Wissen

Abschiedsgruß. Als man die Mumie von Ramses II. aus den Tüchern wickelte, hob der Pharao die Hand wie zum Gruß. Nach 3000 Jahren hatte sich ein Muskel entspannt. Du kannst dir vorstellen, welchen Schrecken der Forscher bekam!

Leons Museumstipps

Nofretete war die Gattin von Pharao Echnaton. Ein deutscher Archäologe schmuggelte die Büste 1912 aus Ägypten.

Ägyptisches Museum Berlin –
mit der Büste von Nofretete.
www.aegyptisches-museum-berlin-verein.de

Museum August Kestner Hannover. Hier gibt es eine echte Mumie!
www.kestner-museum.de

Staatliches Museum Ägyptischer Kunst München. Projekt für Kinder: mit dem archäologischen Rucksack als Grabforscher unterwegs!
www.aegyptisches-museum-muenchen.de

Tutanchamun – in verschiedenen Großstädten. Mit einer perfekten Nachbildung der Grabkammern.
www.tut-ausstellung.com

Wenn du mal im Ausland bist:

British Museum in London – mit dem Stein von Rosette. Die Mumie von Ramses II. findest du im Ägyptischen Museum in Kairo.

Ägyptische Sammlung Wien. Antike Säulen tragen die Decke eines Saals.
www.khm.at/sammlungen/ägyptisch-orientalische-sammlung

Zeittafel

Ca. 2580 v. Chr.

Cheops-Pyramide fertig

Ca. 1479 v. Chr.

Hatschepsut wird Königin

Ca. 1456 v. Chr.

Thutmosis III. siegt

Ca. 1350 v. Chr.

Echnaton stürzt Götter

1332–1323 v. Chr.

Tutanchamun regiert

1212 v. Chr.

Ramses II. stirbt

46–44 v. Chr.

Kleopatra in Rom

1822

Champollion entziffert Schrift

1922

Carter findet Tutanchamun

Auflösungen

Hieroglyphenrätsel 1–4: *Hast du alle vier Hieroglyphen entschlüsselt?*
Seite 9: Ch, Seite 10: A, Seite 44: B, Seite 48: A. Es handelt sich um die Zeichen für CH-A-B-A. Pharaoh Chaba regierte im Alten Reich und hinterließ die Reste einer Pyramide.

Seite 49: *Welches Tier gehört nicht in den Götterhimmel?* Das Kamel mit dem erfundenen Namen Hokret. Zur Zeit der Pharaonen brauchten die Ägypter keine Kamele. Sie transportierten ihre Waren auf dem Nil oder mit Eseln. Das änderte sich, als die Römer kamen.

Seite 58 – 59: *Test*
0 bis 2 Punkte: Aus dir könnte ein perfekter Ägyptologe werden.
3 bis 5 Punkte: Suchen könnte dir Spaß machen. Vielleicht findest du aber auch einen anderen Beruf.
6 bis 8 Punkte: Du müsstest schon selbst in ein Loch stolpern, um etwas zu entdecken.

Zum Zeitpunkt der Drucklegung wurden die im Buch angegebenen Internetadressen auf ihre Richtigkeit hin überprüft. Adressen und Inhalte können sich jedoch schnell ändern. So können Internetseiten für Kinder ungeeignete Links enthalten. Der Verlag kann nicht für Änderungen von Internetadressen oder für die Inhalte auf den angegebenen Internetseiten haftbar gemacht werden. Wir raten, Kinder nicht ohne Aufsicht im Internet recherchieren zu lassen.

Bildquellennachweis

akg-images: S. 26, S. 27 Mitte, S. 28, S. 57; akg-images/Hervé Champollion: S. 4, S. 41 oben, S. 41 unten links, S. 41 unten rechts, S. 47; akg-images/Marc Deville: S. 29; akg-images/Electa: S. 52; akg-images/Werner Forman: S. 61; akg-images/Francois Guénet: S. 8, S. 23, S. 27 Mitte links, S. 43; akg-images/Andrea Jemolo: S. 7, S. 15, S. 27 oben links, S. 30; akg-images/Erich Lessing: S. 5, S. 24, S. 27 Mitte rechts, S. 35, S. 42–43, S. 44, S. 53; akg-images/Bildarchiv Steffens: S. 25; akg-images/Dr. E. Strouhal: S. 1; Semmel Concerts: S. 27 unten rechts, S. 37.

1. Auflage 2012
© Arena Verlag GmbH, Würzburg 2012
Alle Rechte vorbehalten
Umschlagtypografie: knaus.büro für konzeptionelle und visuelle identitäten, www.e-knaus.de unter Verwendung einer Illustration von Fréderic Bertrand
Illustrationen: Fréderic Bertrand
Innengestaltung und Satz: Punkt und Komma, Claudia Böhme
Gesamtherstellung: Westermann Druck Zwickau GmbH
ISBN 978-3-401-06779-7

www.arena-verlag.de

Volker Präkelt
BAFF! Wissen

978-3-401-06776-6

Zicke, zacke, Dinokacke!
Was die Forscher in Riesenhaufen finden und was sie über die schrecklichen Echsen wissen

Glückwunsch, Mary Anning! Hat das Mädchen doch glatt einen Ichthyosaurus gefunden und einen Plesiosaurus dazu. Und das schon vor 200 Jahren. Auf in die Vergangenheit! Die Dinos warten – mit gefährlichen Blicken und wichtigen Fakten. Das große Abenteuer des Wissens für Dinofans und alle, die es werden wollen.

978-3-401-06778-0

Mensch, Mammut!
Warum der Koloss ein dickes Fell brauchte und was die Ötzi-Forscher vermasselt haben

Was macht der Knochenspion im Neandertal? Mal eben einem Skelett auf den Zahn fühlen! Schließlich haben die Archäologen jede Menge tolle Infos aus der Steinzeit ausgebuddelt. Ob Mister Homo sapiens, Zottelmammuts oder andere Viecher, hier finden alle Kinder Wissenswertes – für die Schule und fürs Leben!

978-3-401-06777-3

Ach, du lieber Gott!
Warum wir Sehnsucht nach dem Glauben haben und warum es unterschiedliche Religionen gibt

Speisung der Fünftausend. Hier gibt's Brot und Fisch für alle. Der Gastgeber: Jesus. Was passiert? Ein Wunder. Das ist wichtig für die Christen. Und wie denken Juden, Muslime und die anderen? Was es über verschiedene Religionen zu berichten gibt, erzählt dieser Band lebendig und einfühlsam.

Jeder Band:
64 Seiten • Gebunden
Mit Fotos und farbigen Illustrationen
www.arena-verlag.de